Impressum
Verlag: BABADADA GmbH, Nedderfeld 112 , 22529 Hamburg
Geschäftsführer / Verlagsleitung: Harald Hof
Druck: Books on Demand GmbH, In de Tarpen 42, 22848 Norderstedt

Imprint
Publisher: BABADADA GmbH, Nedderfeld 112 , 22529 Hamburg, Germany
Managing Director / Publishing direction: Harald Hof
Print: Books on Demand GmbH, In de Tarpen 42, 22848 Norderstedt, Germany

ትምህርት ቤት

škola

መማሪያ ክፍል
učionica
ማካፈል
dijeliti
186/2
ሌዳ
tabla
የትምህርት ቤት ቅጥር ግቢ
školsko dvorište
መምህር
učitelj, nastavnik
ወረቀት
papir
መፃፍ
pisati
እስክሪብቶ
olovka
መፃፊያ ጠረጴዛ
pisaći sto
ማስመሪያ
lenjir
መጽሐፍ
knjiga
ተማሪ
učenik

የጀርባ ቦርሳ

torba

የእርሳስ መያዣ

pernica

እርሳስ

drvena olovka

የእርሳስ መቅረጫ

šiljalo za olovke

ላጲስ

gumica

የስዕል ደብተር

blok za crtanje

ስዕል
....
crtež

የቀለም ብሩሽ
....
kist

የቀለም ሳጥን
....
kutija s bojama

ቀስ
....
makaze

ማጣበቂያ
....
ljepilo

ል ጃ ደብተር
....
vježbanka

የቤት ስራ
....
domaća zadaća

ቁጥር
....
broj

ደ ር
....
sabirati

ቀነስ
....
oduzimati

ማባዛት
....
množiti

ቁጥሮችን ማስላት
....
računati

ደብዳቤ
....
slovo

ፊደላት
....
abeceda

ቃል
....
riječ

ፅሑፍ

tekst

ማንበብ

čitati

ጠመኔ

kreda

ትምህርት

sat

ምዝገባ

školski dnevnik

ፈተና

ispit

ሰርተፊኬት

svjedočanstvo

የትምህርት ቤት የደንብ ልብስ

školska uniforma

ትምህርት

izobrazba

አዉደ ጥበብ

leksikon

ዩኒቨርስቲ

univerzitet

የምርምር አጉሊ መሳርያ

mikroskop

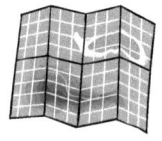

ካርታ

karta

የቆሻሻ ወረቀት መጣያ ቅርጫት

korpa za papir

ሆቴል
hotel
ማረፊያ ቤት
hostel
የዉጭ ገንዘብ ምንዛሪ ቢሮ
mjenjačnica
ልብስ መያዣ ሻንጣ
kofer
መኪና
auto

ቋንቋ

jezik

አዎ/ አይደለም

da / ne

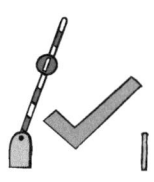

እሺ

okej

ሰላም

zdravo

አስተርጓሚ

tumač

አመሰግናለሁ

hvala

ስንት ነዉ.......?

Koliko košta...?

አልገባኝም

Ne razumijem

እክል

problem

እንደምን አመሹ!

dobro veče!

እንደምን አደሩ!

Dobro jutro!

መልካም ምሽት!

Laku noć!

ደህና ይሰንብቱ

doviđenja

አቅጣጫ

smjer

ሻንጣ

prtljag

ቦርሳ

torba

የጀርባ ቦርሳ

ruksak

እንግዳ

gost

ክፍል

soba

የመተኛ ቦርሳ

vreća za spavanje

ድንኳን

šator

የጎብኚዎች መረጃ

turističke informacije

የባህር ዳርቻ

plaža

ክሬዲት ካርድ

kreditna kartica

ቁርስ

doručak

ምሳ

ručak

እራት

večera

ቲኬት

putna karta

አሳንሰር

lift

ማህተም

poštanska markica

ድንበር

granica

ባህሎች

carina

ኤምባሲ

ambasada

ቪዛ/የይለፍ ወረቀት

viza

ፓስፖርት

pasoš

መጓጓዣ

transport

አዉሮፕላን
avion
መርከብ
brod
የእሳት አደጋ መኪና
vatrogasno vozilo
autobus
የጭነት መኪና
kamion
የሞተር ጀልባ
motorni čamac
ብስክሌት
biciklo
መኪና
auto

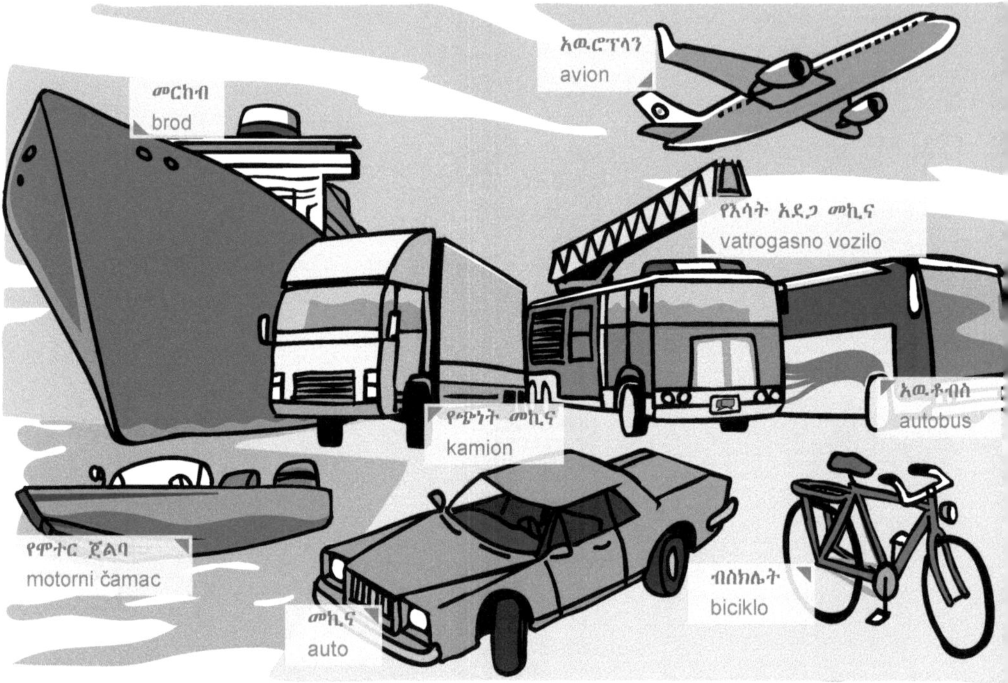

የማመላለሻ ጀልባ

trajekt

ጀልባ

brod

የሞተር ብስክሌት

motocikl

የፖሊስ መኪና

policijski automobil

የዉድድር መኪና

trkaći automobil

የኪራይ መኪና

unajmljeni automobil

የመኪና መጋራት

kar-šering

ጎታች መኪና

pauk

የቆሻሻ ጭነት መኪና

smećarsko vozilo

ሞተር

motor

ነዳጅ

gorivo

የቤንዚን ማደያ

benzinska pumpa

የመንገድ ምልክት

saobraćajni znak

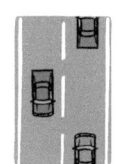

የመኪኖች እንቅስቃሴ

saobraćaj

የመኪና መጨናነቅ

zastoj

የመኪና ማቆሚያ

parking

የባቡር ጣቢያ

željeznička stanica

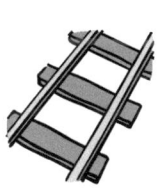

የባቡር ሀዲዶች

šine

ባቡር

voz

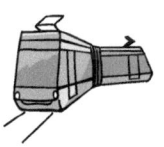

የኤሌክትሪክ ባቡር

tramvaj

ሰረገላ

vagon

ሄሊኮፕተር

helikopter

አየር ማረፊያ

aerodrom

ማማ

toranj

መንገደኛ

putnik

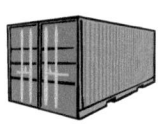

ማስቀመጫ፤ ማጠራቀሚያ

kontejner

ካርቶን እቃ ማሸጊያ

karton

ጋሪ፤ ተሳቢ

tačke

ቅርጫት

korpa

መነሳት/ ማረፍ

poletjeti / sletjeti

ከተማ

grad

መንደር

selo

የከተማ ማዕከል

centar grada

ቤት

kuća

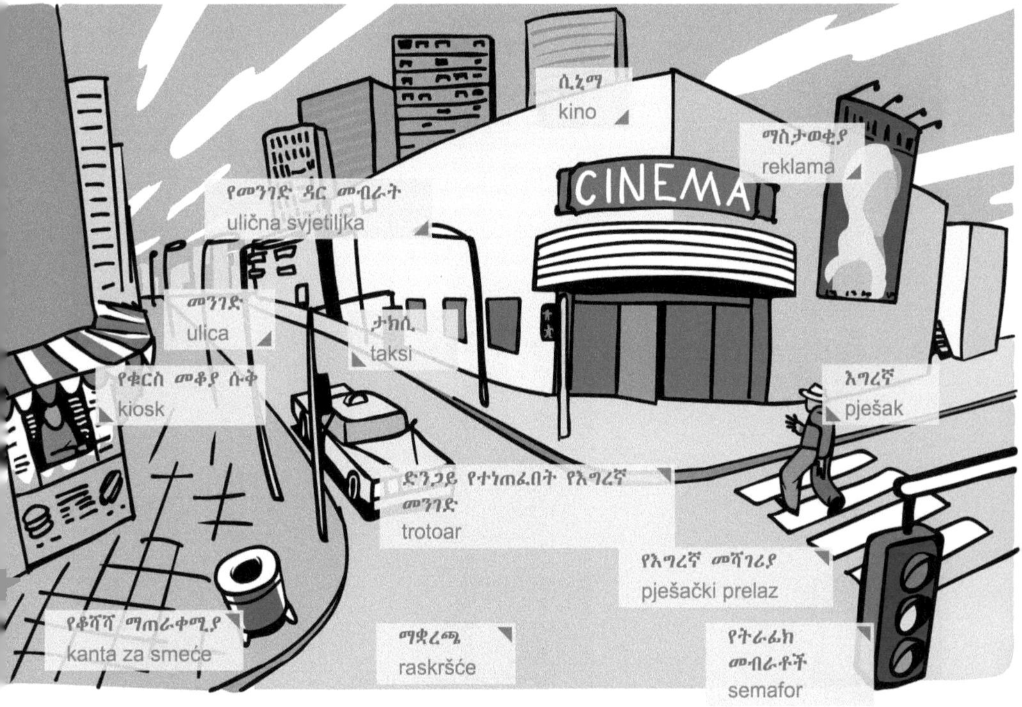

ሲኒማ
kino
ማስታወቂያ
reklama
CINEMA
የመንገድ ዳር መብራት
ulična svjetiljka
መንገድ
ulica
ታክሲ
taksi
የቁርስ መቆያ ሱቅ
kiosk
እግረኛ
pješak
ድንጋይ የተነጠፈበት የእግረኛ መንገድ
trotoar
የእግረኛ መሻገሪያ
pješački prelaz
የቆሻሻ ማጠራቀሚያ
kanta za smeće
ማቋረጫ
raskršće
የትራፊክ መብራቶች
semafor

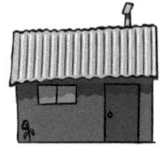

ጎጆ

koliba

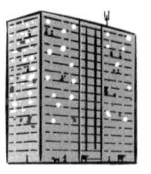

አፓርታማ

stan

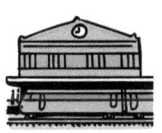

የባቡር ጣቢያ

željeznička stanica

የከተማ አዳራሽ

vjećnica

MUSEUM

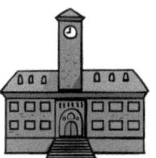

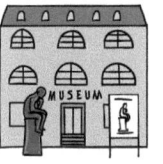

ቤተ መዘክር

muzej

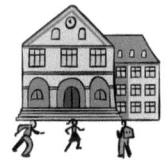

ትምህርት ቤት

škola

ዩኒቨርስቲ

univerzitet

ባንክ

banka

ሆስፒታል

bolnica

ሆቴል

hotel

መድሐኒት ቤት

apoteka

ቢሮ

ured

መፅሐፍ መሸጫ

knjižara

ሱቅ

radnja

የአበባ መሸጫ

cvjećara

የሸቀጣ ሸቀጥ መደብር

supermarket

ገበያ ስፍራ

pijaca

መደብር

robna kuća

የዓሳ ነጋዴ

prodavač ribe

የገበያ ማዕከል

trgovački centar

ወደብ

luka

መናፈሻ ቦታ
park

አግዳሚ ወንበር
klupa

ድልድይ
most

ደረጃዎች
stepenice

ዉስጥ ለዉስጥ
podzemna željeznica

ዋሻ
tunel

የአዉቶቡስ ፌርማታ
autobuska stanica

ባር
bar

ምግብ ቤት
restoran

የፖስታ ሳጥን
poštanski sandučić

የመንገድ ምልክት
saobraćajni znak

የመኪና ማቆሚያ ሒሳብ የሚያሰላ
ማሽን
sat za naplatu parkinga

የደር እንስሳት ማቆያ
zološki vrt

የመዋኛ ገንዳ
bazen

መስጊድ
džamija

እርሻ

seosko imanje

የሚበክል ነገር

zagađenje okoline

መቃብር ስፍራ

groblje

ቤተ ክርስቲያን

crkva

መጫወቻ ሜዳ

igralište

ቤተ መቅደስ

hram

መልከዓምድር

krajolik

ቅጠል
list
የመንገድ ላይ ምልክት
putokaz
መንገድ
putokaz
አረንጓዴ መስክ
livada
ድንጋይ
kamen
በእግሩ የሚጓዝ
putnik
ዛፍ
drvo
ወንዝ
rijeka
ሳር
trava
አበባ
cvijet

ሸለቆ

dolina

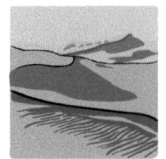

ኮረብታ

brdo

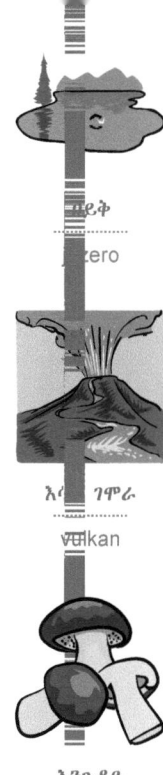

ይቅ

jezero

ጫካ

šuma

በረሃ

pustinja

እሳ ገሞራ

vulkan

ግምብ

dvorac

ቀስተ ዳመና

duga

እንጉዳይ

gljiva

የቴምብር ዛፍ/ ዘንባባ

palma

ቢንቢ/ የወባ ትንኝ

komarac

ራሪ

muha

ጉንዳን

mrav

ንብ

pčela

ረሪት

pauk

ጢንዚዛ

buba

እንቁራሪት

žaba

ሽኮኮ

vjeverica

ጃርት

jež

ጥንቸል

zec

ጉጉት ወፍ

sova

ወፍ

ptica

የዉሃ ዳክዬ

labud

ከርከሮ

divlja svinja

አጋዘን

jelen

አጋዘን

los

ግድብ

brana

በነፋስ የሚሽከረከር

vjetrenjača

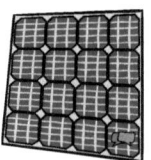

የፀሀይ ፓኔሎ

solarni modul

አየር ንብረት

klima

ምግብ ቤት
restoran

አስተናጋጅ
konobar
jelovnik
ወንበር
stolica
ሾርባ
supa
pica
መክተፊያ
pribor za jelo
የጠረጴዛ ጨርቅ
stolnjak

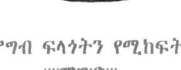

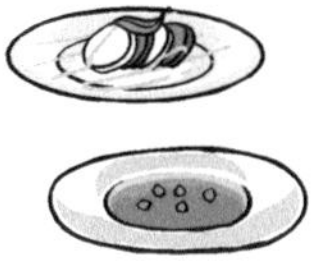

የምግብ ፍላጎትን የሚከፍት ምግብ
predjelo

ዋና ምግብ
glavno jelo

ማጣጣሚያ ተከታይ ምግብ
desert

መጠጦች
piće

ምግብ
jelo

ጠርሙስ
flaša

ፈጣን ምግብ

brza hrana

የመንገድ ምግብ

jelo sa ulice

የሻይ ማንቆርቆሪያ

čajnik

የስኳር እቃ

šećernica

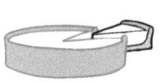

ድርሻ

porcija

የቡና ማፊያ ማሽን

mašina za espreso

ባለጌ ወንበር

barska stolica

የክፍያ ደረሰኝ

račun

ትሪ

tacna

ቢላዋ

nož

ሹካ

viljuška

ማንኪያ

kašika

የሻይ ማንኪያ

kašičica

ልብስ ምግብ እንዳይነካ የሚረዳ ጨርቅ

salveta

ብርጭቆ

čaša

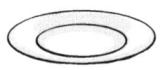

ዝርግ ሰሀን
....
tanjir

የሾርባ ጎድጓዳ ሰሀን
....
tanjir za supu

የስኒ ማስቀመጫ
....
tanjurić

ማጣፈጫ ስጎ
....
sos

የጨዉ እቃ
....
solanik

የተፈጩ ቃሪያ
....
mlin za biber

ኮምጣጤ
....
sirće

የምግብ ዘይት
....
ulje

ቀመማ ቅመሞች
....
začini

የቲማቲም ድልህ
....
kečap

ሰናፍጭ
....
senf

ማዮኒዝ
....
majoneza

የሸቀጣ ሸቀጥ መደብር

supermarket

ልዩ አቅራቦት
ponuda
ደምበኛ
klijent
የወተት ተዋፅዖ
mliječni proizvodi
ፍራፍሬ
voće
ባለ ጎማ የእጅ ጋሪ
kolica za kupovinu

ሉካንዳ ነጋዴ

mesnica- klaonica

መጋገርያ

pekara

ክብደት መመዘን

vagati

ቅጠላ ቅጠል አትክልት

povrće

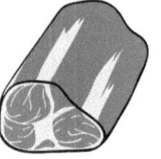

ስጋ

meso

የቀዘቀዘ/የረጋ ምግብ

zaleđena hrana

ቀዝቃዛ ቁራጭ

narezak

የታሸገ ምግብ

konzerve

የማጠቢያ ዱቄት

prašak za veš

ጣፋጮች

slatkiši

የቤት ዉስጥ ዉጤቶች

kućanski proizvodi

የፅዳት ምርቶች

sredstvo za čišćenje

የሽያጭ ባለሙያ

prodavačica

የገንዘብ መመዝቢያ ማሽን

kasa

የሒሳብ ሰራተኛ

blagajnik

የግዢ ዝርዝር

lista za kupovinu

ክፍት ሰዓታት

radno vrijeme

የኪስ ቦርሳ

novčanik

ክሬዲት ካርድ

kreditna kartica

ቦርሳ

torba

የፕላስቲክ ቦርሳ

najlonska vrećica

የሸቀጣ ሸቀጥ መደብር - supermarket 21

መጠጦች

pića

ውሃ

voda

ማቂ

sok

ወተት

mlijeko

ኮካ-ኮላ

kola

ወይን

vino

ቢራ

pivo

አልኮል

alkohol

ኮካ

kakao

ሻይ

čaj

ቡና

kafa

የተፈላ ቡና

espreso

ካፑቺኖ

kapućino

ሙዝ

....

banana

ፖም

....

jabuka

ብርቱካን

....

narandža

ሀብሀብ

....

lubenica

ሎሚ

....

limun

ካሮት

....

mrkva

ነጭ ሽንኩርት

....

bijeli luk

ሸምበቆ

....

bambus

ቀይ ሽንኩርት

....

crveni luk

እንጉዳይ

....

gljiva

ለዉዝ

....

orašasti plodovi

የህፃናት ምግብ

....

pasta

ፓስታ

špagete

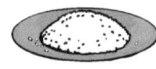

ሩዝ

riža

ሰላጣ

salata

የድንች ጥብስ

pomfrit

ድንች ጥብስ

pečeni krompir

ፒዛ

pica

ዳቦ ዉስጥ በስሱ ተጠብሶ የገባ ስጋ

hamburger

ሳንድዊች

sendvič

ጥሬ ስጋ

šnicla

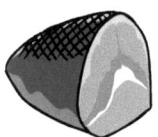

የአሳማ ስጋ

šunka

በቅመምና በጨዉ የታሸ ምግብ ቀዝቅዞ የሚበላ ሾርባ ምግብ

kobasica

ቋሊማ

kobasica

ዶሮ

kokoš

ጥብስ

pečenje

አሳ

riba

የአጃ ገንፎ

zobene pahuljice

ከወተት ጋር ተደባልቀዉ የሚበሉ
··ምግቦች··

muzli

የበቆሎ ቅርፊት

kornfleks

ዱቄት

brašno

ኩራሳ

kroason

ድብልብል ዳቦ

zemičke

ዳቦ

kruh

መጥበስ

tost

ብስኩት

keksi

ቅቤ

maslac

እርጎ

svježi sir

ኬክ

kolač

እንቁላል

jaje

እንቁላል ጥብስ

jaje na oko

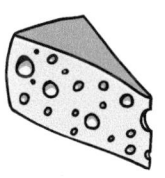

አይብ

sir

የበረዶ ክሬም

sladoled

ስኳር

šećer

ማር

med

ማርማላት

marmelada

የተናጠ የወተት ክሬም

nugat krema

ማጣፈጫ

kuri

የገበሬ ቤት
seoska kuća

የእህልና የከብት ማቀመጫ ቤት
sjenik

ፈረስ
konj

የፍጹድ ክምር
bale sjena

ሜዳ
polje

ተሳቢ መኪና
prikolica

የፈረስ ዉርንጭላ
ždrijebe

የእርሻ መኪና
traktor

እህያ
magarac

በግ
ovca

የበግ ጠቦት
jagnje

ፍየል

koza

ላም

krava

ጥጃ

tele

አሳማ

svinja

ግልገል አሳማ

prase

ኮርማ

bik

ዝይ

guska

ዳክዬ

patka

የዶሮ ጫጩት

pile

ዶሮ

kokoška

አውራ ዶሮ

pjetao

አይጥ

pacov

ደድመት

mačka

አይጥ

miš

በሬ

vol

ውሻ

pas

የውሻ ቤት

pseća kućica

የአትክልት ቦታ

crijevo za baštu

ውሃ ማጠጫ ባልዲ

kanta za zalijevanje

ረጅም ማጭድ

kosa

ማረሻ

plug

ማጭድ
srp

መኮትኮቻ
motika

የእህል መንሽ
vile

መጥረቢያ
sjekira

ኩርኩር/ የእጅ ጋሪ
tačke

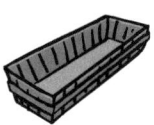

ገንዳ
korito

የወተት ዕቃ
bokal za mlijeko

ጆንያ ከረጢት
vreća

አጥር
ograda

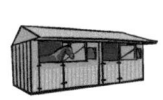

የፈረስ ጋጣ
štala

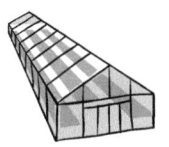

ዕፅዋት ማሳደጊያ የመስታዉት ቤት
staklenik

አፈር
tlo

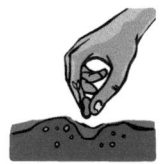

ዘር
sjeme

የመሬት ማዳበሪያ
đubrivo

ጥምር ማረሻ
kombajn

እርሻ - seosko imanje 29

አዝመራ መሰብሰብ

kositi

አዝመራ

žetva

ድንች

jam korijen

ስንዴ

pšenica

ሶያ

soja

ድንች

krompir

በቆሎ

kukuruz

የከብት መኖ

uljana repica

የፍሬ ዛፍ

drvo voća

የካሳቫ ዛፍ

manioka

እህል

žito

ቤት

kuća

የጪስ ማዉጫ
dimnjak
ጣራ
krov
oluk
መስኮት
prozor
ጋራዥ
garaža
የበር ደወል
zvono
በር
vrata
የቆሻሻ ማጠራቀሚያ
kanta za smeće
ፖስታ ሳጥን
poštanski sandučić
የአትክልት ቦታ
bašta

ሳሎን

dnevni boravak

መታጠቢያ ቤት

kupatilo

ማድቤት

kuhinja

መኝታ ቤት

spavaća soba

የልጅ ክፍል

dječija soba

መመገቢያ ክፍል

trpezarija

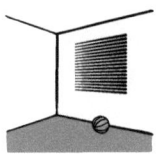

ወለል

pod, tlo

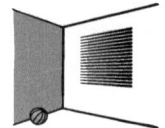

ግድግዳ

zid

ጣሪያ

plafon

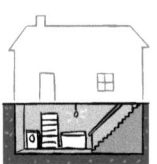

ምድር ቤት

podrum

በእንፋሎት ሙቀት መታጠቢያ ቤት

sauna

ሰገነት

balkon

ከፍ ያለ መደብ

terasa

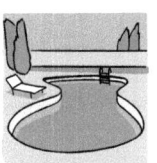

የመዋኛ ገንዳ

bazen

የማጨጃ መኪና

kosilica

አንሶላ

posteljina

የአልጋ ልብስ

pokrivač

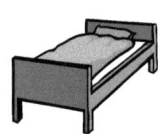

አልጋ

krevet

መጥረጊያ

metla

ባልዲ

kanta

ማብሪያና ማጥፊያ

prekidač

ሳሎን

dnevni boravak

የግድግዳ ወረቀት
tapeta
ፎቶ
fotografija
መብራት
lampa
መደርደሪያ
polica
ቁም ሳጥን፤ ካቢኔ
ormar
televizija
የእሳት መሞቂያ
dimnjak
አበባ
cvijet
ትራስ
jastuk
ሶፋ
kauč
የአበባ ማስቀመጫ
vaza
ሪሞት ኮንትሮል
daljinski upravljač

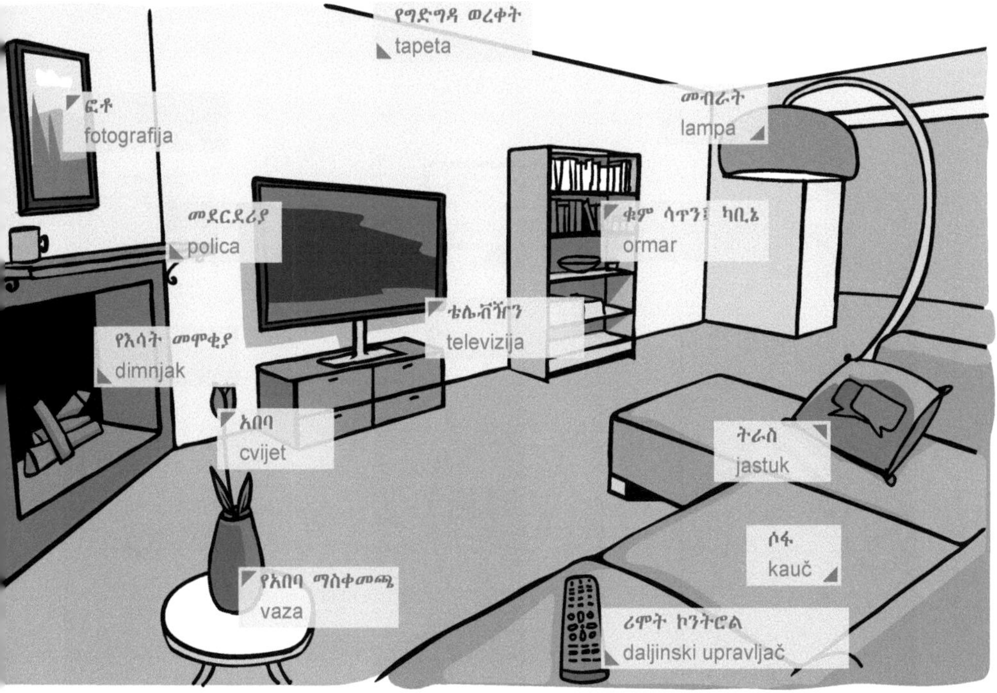

ንጣፍ

tepih

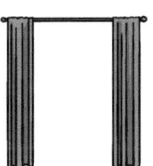

መጋረጃ

zavjesa

ጠረጴዛ

stol

ወንበር

stolica

ተወዛዋዥ ወንበር

stolica za ljuljanje

ባለመደገፊያ ወንበር

fotelja

መጽሐፍ

knjiga

ብርድ ልብስ

deka

ጌጥ

dekoracija

ማገዶ

ložno drvo

ፊልም

film

የሙዚቃ መጫወቻ

stereo uređaj

ቁልፍ

ključ

ጋዜጣ

novine

ስዕል

umjetnička slika

የተለጠፈ ማስታወቂያ እንደ ስዕል

poster

ራዲዮ

radio

ማስታወሻ ደብተር

blok za bilješke

የአየር ማፅጃ ለምንጣፍ

usisavač

ቁልቋል

kaktus

ሻማ

svijeća

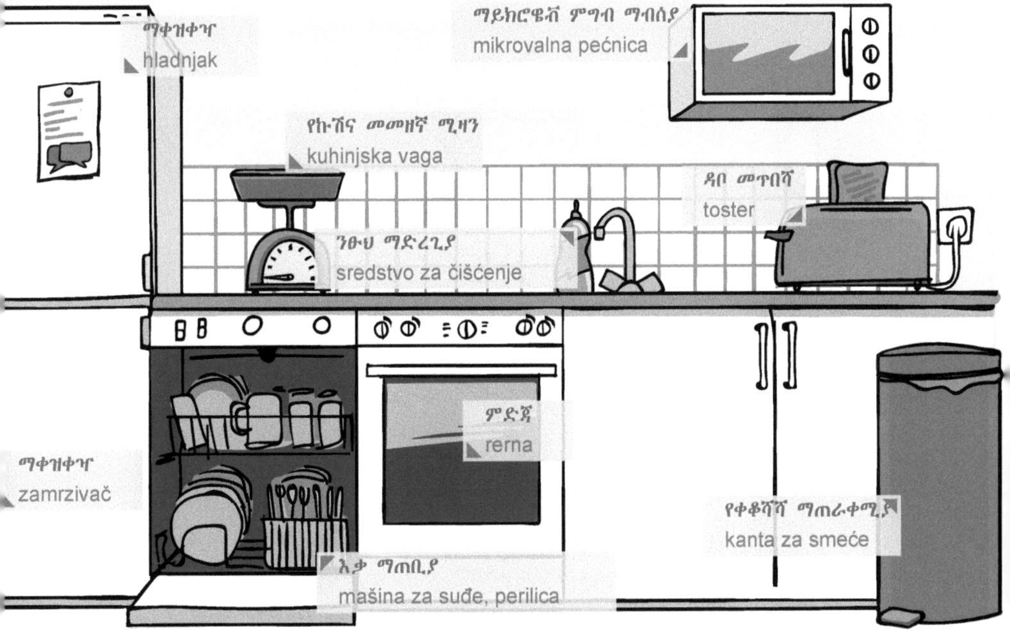

kuhinja

ማቀዝቀዣ
hladnjak
ማይክሮዌቭ ምግብ ማብሰያ
mikrovalna pećnica
የኩሽና መመዘኛ ሚዛን
kuhinjska vaga
ዳቦ መጥበሻ
toster
ንፁህ ማድረጊያ
sredstvo za čišćenje
ምድጃ
rerna
ማቀዝቀዣ
zamrzivač
የቀቆሻሻ ማጠራቀሚያ
kanta za smeće
እቃ ማጠቢያ
mašina za suđe, perilica

ምግብ አብሳይ

peć

ማሰሮ

lonac

የብረት ማሰሮ

metalni lonac

ምግብ ማብሰያ ዝርግ ድስት

vok / kadai

የምግብ መጥበሻ

tava, tiganj

ማንቆርቆሪያ

kuhalo

የእንፋሎት ማብሰያ

aparat za kuhanje na pari

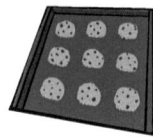

የመጋገሪያ ትሪ

lim za pečenje

ሰብስቦች

posuđe

ትልቅ ኩባያ

šalica

ጎድጓዳ ሳህን

činija

ቾፕስቲክስ

kineski štapići

ጭልፋ

kutlača

መሰቅሰቂያ ዝርግ ማንኪያ

lopatica

ማደባለቂያ

metlica za snijeg bjelanjca

መወጠሪያ

sito za kuhanje

ወንፊት

sito

መፈርፈሪያ መሳሪያ

ribež

ሲሚንቶ

avan s tučkom

የፍም ጥብስ

roštilj

የተለቀቀ እሳት

ložište

መክተፊያ

daska

ተንሸራታች መርፌ

oklagija

የጠርሙስ መክፈቻ

vadičep

ጣሳ

konzerva

የጣሳ መክፈቻ

otvarač za konzerve

የማሰሮ መሸፈኛ

krpe za lonac

ሳህን ማጠቢያ

sudoper

ብሩሽ

četka

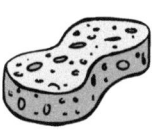

ስፖንጅ

spužva

መደባለቂያ መሳሪያ

mikser

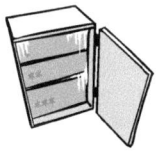

በጣም ማቀዝቀዣ

zamrzivač

ጡጦ

flašica za bebu

ቧንቧ

slavina

መታጠቢያ ቤት

kupatilo

ማሞቂያ
grijanje
መታጠቢያ
tuš
ፎጣ
peškir
የመታጠቢያ ቤት መጋረጃ
zavjesa za tuš
የአረፋ መታጠቢያ
pjenušava kupka
የመታጠቢያ ገንዳ
kada
ብርጭቆ
čaša
የልብስ ማጠቢያ
mašina za veš
ቧንቧ
slavina
ማዕዘን ወለል
pločice
ፖፖ
dječja kahlica
ሳህን ማጠቢያ
sudoper

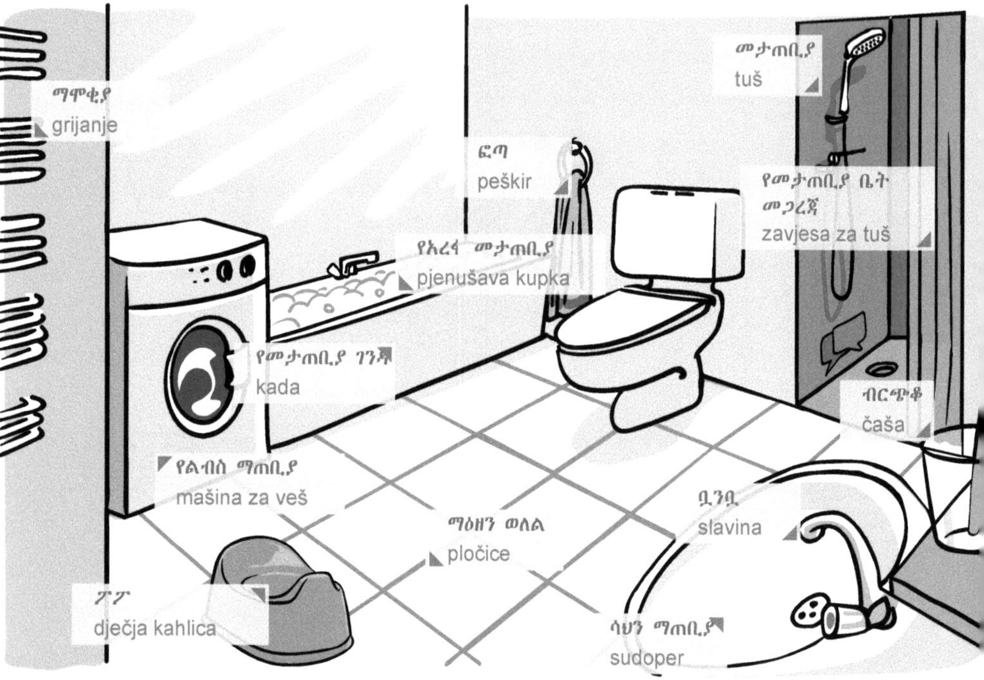

ሽንት ቤት

toalet

የሽንት ቤት መቀመጫ

čučavac

ሳፋ

bide

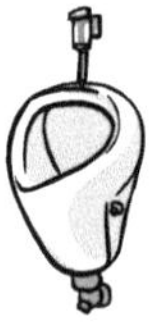

የመንገድ ዳር መሽኛ

pisoar

የሽንት ቤት ወረቀት

toalet papir

የሽንት ቤት ማፅጃ ብሩሽ

četka za wc

የጥርስ ብሩሽ
....
četkica za zube

የጥርስ ሳሙና
....
pasta za zube

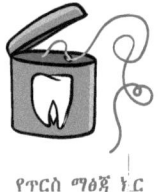

የጥርስ ማፅጃ ክር
....
zubni konac

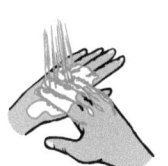

መታጠብ
....
prati

የእጅ መታጠቢያ
....
tuš

መታጠቢያ
....
intimni tuš

ጎድጓዳ ሳህን
....
lavor

የጀርባ ብሩሽ
....
četka za leđa

ሳሙና
....
sapun

መታጠቢያ የሚዝለገለግ ሳሙና
....
gel za tuširanje

የፀጉር መታጠቢያ ሳሙና
....
šampon

ለስላሳ ጨርቅ
....
krpe za pranje

ፍሳሽ
....
odvod

ክሬም
....
krema

ጠረን መቀየሪያ ንጥረ ነገር
....
dezodorans

መስታወት

ogledalo

የእጅ መስታወት

ogledalo za šminkanje

ምላጭ

brijač

የመላጫ አረፋ

pjena za brijanje

ከመላጨት በኋላ የሚቀባ ሽቱ

vodica poslije brijanja

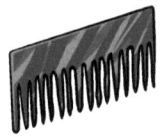

ማበጠሪያ

češalj

ብሩሽ

četka

የፀጉር ማድረቂያ

fen

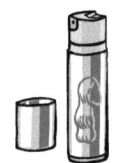

በፀጉር ላይ የሚነፋ

sprej za kosu

የፊት መቀባቢያ

puder

የከንፈር ቀለም

karmin

የጥፍር ቀለም

lak za nokte

የጥጥ ሱፍ

vata

ጥፍር መቁረጫ

makazice za nokte

ሽቶ

parfem

ማጠቢያ ባልዲ

kozmetička torbica

መቀመጫ

hoklica

ሚዛን

vaga

የመታጠቢያ ልብስ

kupaći ogrtač

የላስቲክ ጓንት

rukavice za čišćenje

ሞዴስ

tampon

የፅዳት ፎጣ

uložak za dame

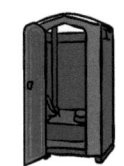

የሽንት ቤት ኬሚካል

hemijski toalet

የልጅ ክፍል
dječija soba

የማንቂያ ደዉል ሰዐት
budilnik
የህፃን አሻንጉሊት
plišana igračka
የመጫወቻ መኪና
auto za igru
ማንገጫገጫ
መጫወቻ
zvečka
የአሻንጉሊት ቤት
kućica za lutke
ስጦታ
poklon

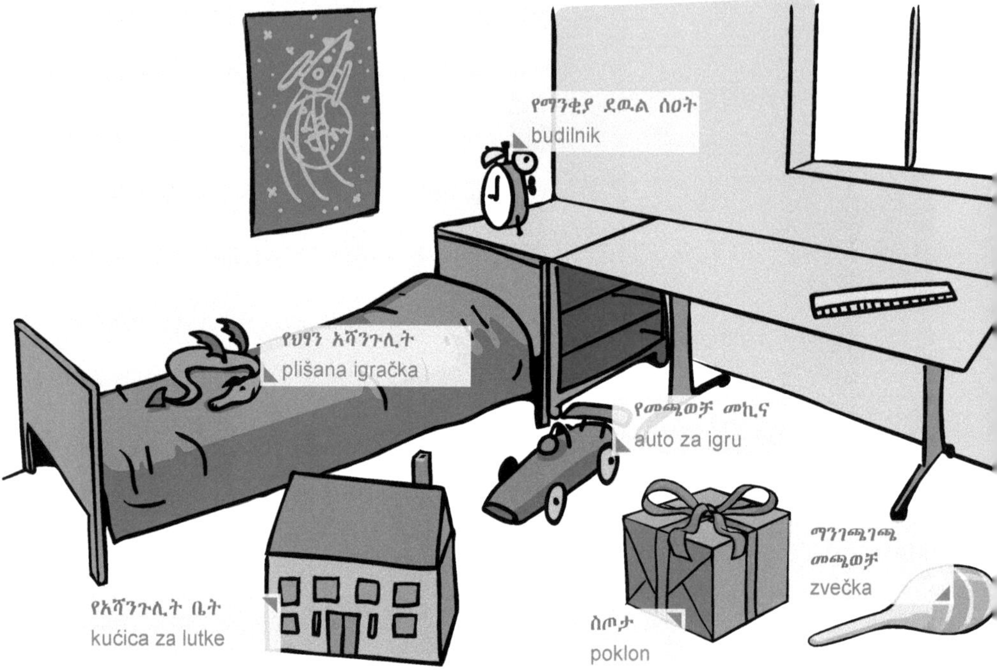

ፊኛ

balon

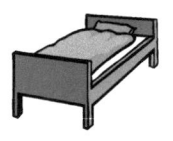

አልጋ

krevet

የህፃን ማንሸራሸሪያ ጋሪ

kolica za djecu

የካርታ መጫወቻ

karte za igranje

ቁርጥራጭ ምስሎችን የማገጣጠም
እና ምስል የማግኘት ጨዋታ

puzle

አዝናኝ

strip

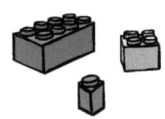

ተገጣጣሚ መጫወቻ

lego kockice

የመጫወቻ መገጣጠሚያዎች

kockice za gradnju

የድርጊት ምስል

akcione figure

የህፃን እድገት

benkica

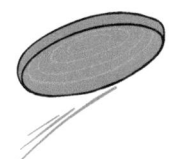

የፕላስቲክ መጫወቻ ዝርግ ሰሀን

frizbi

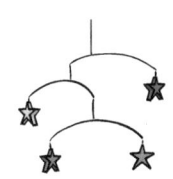

ተወዛዋዥ የህፃን ማጫወቻ

mobile

የሰሌዳ ጨዋታ

igra na ploči

የመጫወቻ ጠጠር

kocka

የመጫወቻ ባቡር

miniatura željeznice

የእንጀራ እናት ጡጦ

cucla

ድግስ

zabava

የስዕል መፅሀፍ

slikovnica

ኳስ

lopta

አሻንጉሊት

lutka

መጫወት

igrati

የአሸዋ መጫወቻ

pješćanik

ዥዋዥዌ

ljuljačka

መጫወቻዎች

igračke

የቪዲዮ መጫወቻ

konzola za igru

ባለ ሶስት ጎማ ብስክሌት

triciklo

የአሻንጉሊት ድብ

medvjedić

ቁምሳጥን

ormar

አልባሳት

odjeća

ካልሲዎች

kratke čarape

ስቶኪንጎች

čarape

ታይት

hulahopke

የአንገት ልብስ
šal

ጥንጥላ
kišobran

ቀበቶ
kaiš

ናቴራ
majica kratkih rukava

ስኒ ሮች
patike

ቦቲ
čizme

የቤት ዉስጥ ነጠላ ጫማ
papuče

ነጠላ ጫማዎች
sandale

ጫማዎች
cipele

የዝናብ ቡትስ
gumene čizme

ሙታንታ
gaće

ጡት መያዣ
grudnjak

ሰደርያ
potkošulja

አልባሳት - odjeća

45

ሰዉነት

bodi

ሱሪዎች

hlače

ጅንስ

farmerke

ጉርድ ቀሚስ

suknja

ሸሚዝ

bluza

ሸሚዝ

košulja

የሚጠለቅ ሹራብ

džemper

ሹራብ

majica

ዩኒፎርም ጃኬት

sako

ጃኬት

jakna

ኮት

mantil

የዝናብ ኮት

kišni mantil

ልብስ

kostim

ቀሚስ

haljina

የሙሽራ ቀሚስ

vjenčanica

ሱፍ

odijelo

የለሊት ልብስ

spavaćica

የለሊት ልብስ

pidžama

ረጅም ቀሚስ

sari

ሂጃብ

marama

ጥምጣም

turban

ቡርቃ

burka

ሽርጥ

kaftan

አባያ

abaja

የዋና ልብስ

kupaći kostim

አጭር ቁምጣ

kupaće gaće

ቁምጣዎች

kratke hlače

የስራ ቱታ

trenerka

ሽርጥ

pregača

ጓንት

rukavice

ቁልፍ

dugme

መነፅር

naočare

አምባር

narukvica

የአንገት ሀብል

ogrlica

ቀለበት

prsten

የጆሮ ጌጥ

naušnica

ፍያ

kapa

የ ት መስቀያ

vješalica

ፍያ

šešir

ከረቫት

kravata

ዚፕ

patentni zatvarač

የብረት ቆብ

kaciga

መደገፊያ

tregeri za hlače

የትምህርት ቤት የደንብ ልብስ

školska uniforma

የደንብ ልብስ

uniforma

መሃረብ

....

podbradak

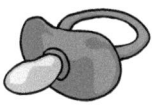

የእንጀራ እናት ጡጦ

....

cucla

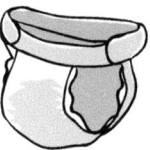

ሽንት ጨርቅ

....

pelene

ቢሮ

ured

ማሰራጫ
ጣቢያ
server
የፋይል መደርደሪያ ካቢኔ
ormar za kartoteku
የህትመት መሳሪያ
štampač
ወረቀት
papir
መቆጣጠሪያ
monitor
miš
መፃፊያ ጠረጴዛ
pisaći sto
ማህደር
registrator
የመፃፊ ቁልፎች
tastatura
የቆሻሻ ወረቀት መጣያ
ቅርጫት
korpa za papir
ኮምፒዉተር
kompjuter
ወንበር
stolica

የቡና መጠጫ ትልቅ ኩባያ

....

šolja za kafu

ማስልያ ማሽን

....

kalkulator

ኢንተርኔት

....

internet

ላፕቶፕ

laptop

ደብዳቤ

pismo

መልዕክት

poruka

ተንቀሳቃሽ ስልክ

mobilni telefon

የግንኙነት አዉታር

mreža

ማባዣ ማሽን

aparat za kopiranje

ሶፍትዌር

softver

ስልክ

telefon

የግድግዳ ሶኬት

utičnica

የፋክስ ማሽን

faks

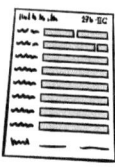

ቅፅ

formular

ሰነድ

dokument

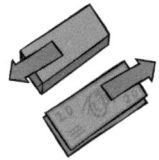

ኢኮኖሚ

ekonomija

መግዛት

kupovati

መክፈል

platiti

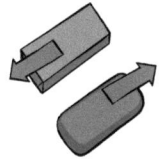

መነገድ

trgovati

ገንዘብ

novac

ዶላር

dolar

ዩሮ

euro

የን

jen

ሩብል

rublja

የስዊዝ ፍራንክ

franak

ሬንሚንቢ ዩዋን

renminbi jen

ሩጲ

rupi

የገንዘብ ነጥብ

bankomat

የዉጭ ገንዘብ ምንዛሪ ቢሮ

mjenjačnica

ወርቅ

zlato

ብር

srebro

ዘይት

nafta

ሀይል፤ ጉልበት

energija

ዋጋ

cijena

ግንኙነት

ugovor

ቀረጥ

porez

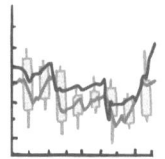

አክስዮን

akcija

መስራት

raditi

ተቀጣሪ

službenik

ቀጣሪ

poslodavac

ፋብሪካ

fabrika

ሱቅ

radnja

የስራ ሙያዎች
zanimanja

የፖሊስ አዛዥ
policajac
የእሳት አደጋ ሰራተኛ
vatrogasac
ምግብ አብሳይ
kuhar
ዶክተር
ljekar
አብራሪ
pilot

አትክልተኛ

baštovan

አናጢ

stolar

ልብስ ሰፊ ሴት

krojačica

ዳኛ

sudija

ቀማሚ

hemičar

ተዋናይ

glumac

የአዉቶቢስ ሹፌር

vozač autobusa

የታክሲ ሹፌር

vozač taksija

አሳ አጥማጅ

ribar

ፅዳት ሰራተኛ

čistačica

የጣራ ሰራተኛ

krovopokrivač

አስተናጋጅ

konobar

አዳኝ

lovac

ሰዓሊ

moler

ጋጋሪ

pekar

የኤሌትሪክ ሰራተኛ

električar

ገምቢ

građevinski radnik

መሃሃዲስ

inženjer

ልኳንዳ

koljač

የቧንቧ ሰራተኛ

limar, vodoinstalater

የፖስታ ሰራተኛ

poštar

54 የስራ ሙያዎች - zanimanja

ወታደር
....
vojnik

መሃንዲስ
....
arhitekta

የሒሳብ ሰራተኛ
....
blagajnik

አበባ ሻጭ
....
cvjećar

የፀጉር ሰራተኛ
....
frizer

ቲኬት ቆራጭ
....
kontrolor

መካኒክ
....
mehaničar

ካፒቴን
....
kapiten

የጥርስ ሐኪም
....
zubar

ተመራማሪ
....
naučnik

መምህር
....
rabin

የሙስሊም ሃይማኖታዊ መሪ
....
imam

መነኩሴ
....
monah

ካህን
....
sveštenik

መሳሪያዎች

alat

መዶሻ
čekić
መፍቻ
izvijač
ተቆላፊ ጉጠት
kliješta
መሳሪ መፍቻ
vijčani ključ
ባትሪ
džepna lampa

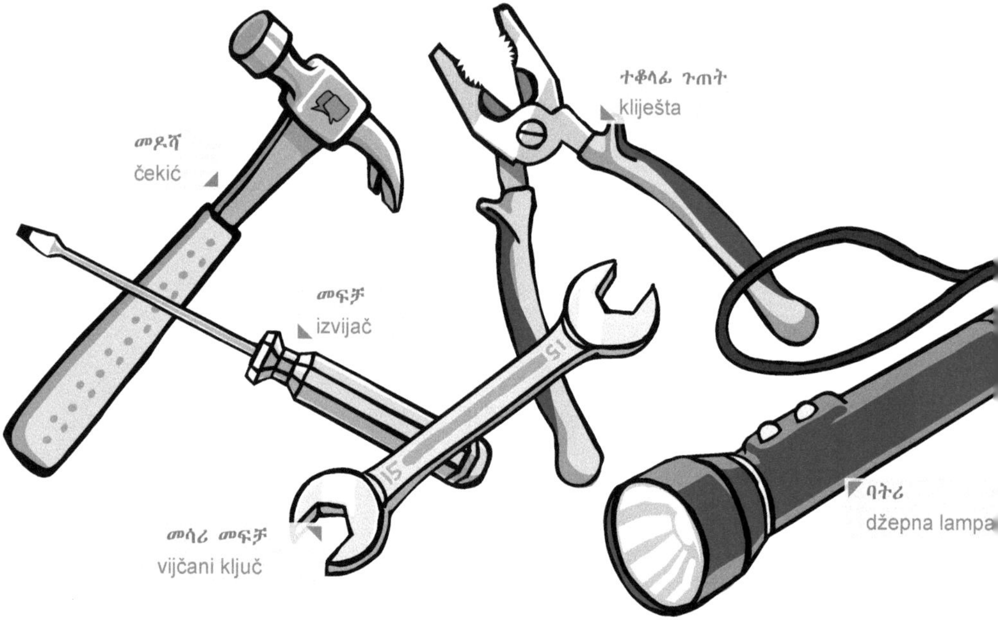

በቁፋሮ ሚዝቅ

bager

መፍቻ ሳጥን

kutija sa alatom

መሰላል

ljestve

መጋዝ

testera, pila

ምስማር

ekser

መሰርሰሪያ

bušilica

መጠገን
....
popraviti

አካፋ
....
lopata

የተረገመ!
....
sranje!

ቆሻሻ ማፈሻ
....
lopatica

የቀለም ቆርቆሮ
....
kanta boje

ብሎን
....
vijak

የሙዚቃ መሳሪያዎች

muzički instrumenti

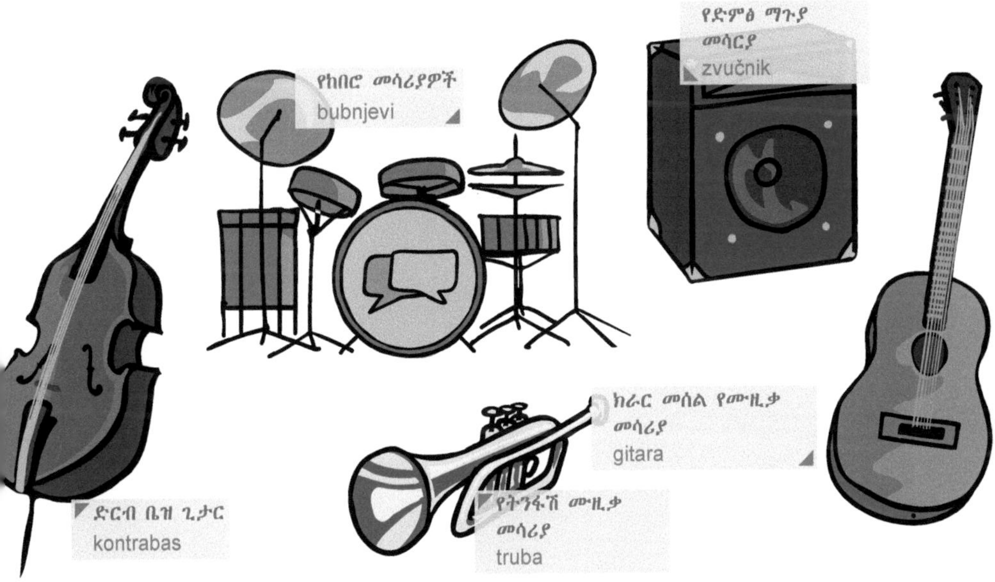

የድምፅ ማጉያ
መሳርያ
zvučnik

የከበሮ መሳሪያዎች
bubnjevi

ክራር መሰል የሙዚቃ
መሳሪያ
gitara

ድርብ ቤዝ ጊታር
kontrabas

የትንፋሽ ሙዚቃ
መሳሪያ
truba

ፒያኖ

klavir

ቫዮሊን

violina

ወፍራም፤ ጎርናና ድምፅ ያለዉ
ክራር መሰል ሙዚቃ መሳሪያ

bas

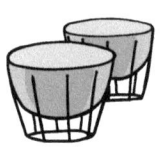

ነጋሪት

bubanj timpani

ከበሮ

bubanj

በኤሌክትሪክ የሚሰራ ፒኖ

sintisajzer

የትንፋሽ *ሙዚቃ መሳሪያ*

saksofon

ዋሽንት

flauta

የድምፅ ማጉያ

mikrofon

የደር እንስሳት ማቆያ

zološki vrt

ነብር
tigar
መግቢያ
ulaz
ሳጥን
kavez
የሜዳ አህያ
zebra
የእንስሳ ምግብ
hrana za životinje
ትልቅ ድብ
panda

እንስሳቶች

životinje

ዝሆን

slon

ካንጋሮ

kengur

አዉራሪስ

nosorog

ትልቅ ዝንጀሮ

gorila

ድብ

medvjed

ግመል

kamila

ሰጎን

noj

አንበሳ

lav

ጦጣ

majmun

ቅልጥመ ረዥም ወፍ

flamingo

በቀቀን

papagaj

የወዋልታ ድብ

polarni medvjed

የዋልታ ወፎች

pingvin

ረጅም ጥርሶች ያሉትአሳ ነባሪ

morski pas

ጣዎስ

paun

እባብ

zmija

አዞ

krokodil

የዱር አራዊት የሚጠበቁበት ማቆያን የሚጠብቅ

čuvar u zološkom vrtu

አሳ በሊታ የባህር እንስሳ

tuljan

የዱር ድመት

jaguar

ድንክ ፈረስ

poni

ነብር

leopard

ጉማሬ

nilski konj

ቀጭኔ

žirafa

ንስር

orao

ከርከሮ

divlja svinja

አሳ

riba

የባህር ኤሊ

kornjača

የባህር አውሬ

morž

ቀበሮ

lisica

የሜዳ ፍየል ፤ ሚዳቋ

gazela

የስፖርት አይነቶች

sport

የአሜሪካ እግርኳስ
američki fudbal
የብስክሌት ስፖርት
vožnja bicikla
ቴኒስ
tenis
የቅርጫት ኳስ
košarka
ዋና
plivanje
የቡጢ ስፖርት
boks
የበረዶ ላይ የገና ጨዋታ
hokej na ledu

እግር ኳስ

fudbal

የላበ ኳስ ጨዋታ

bedminton

አትሌቲክስ

laka atletika

የእጅ ኳስ ስፖርት

rukomet

የበረዶ መንሸራተት ስፖርት

skijanje

ፈረስ ግልቢያ

polo

መዝለል
skakati
ማቀፍ
zagrliti
መሳቅ
smijati se
መራመድ
ići
መዘመር
pjevati
ህልም ማለም
sanjati
መፀለይ
moliti
መሳም
ljubiti

መፃፍ
....
pisati

መሳል
....
crtati

ማሳየት
....
pokazati

መግፋት
....
gurati

መስጠት
....
dati

መዉሰድ
....
uzeti

መያዝ
....
imati

ማድረግ
....
raditi

መሆን
....
biti

መቆም
....
stajati

መሮጥ
....
trčati

መሳብ
....
vući

መወርወር
....
baciti

መዉደቅ
....
pasti

መዋሸት
....
ležati

መጠበቅ
....
čekati

መሸከም
....
nositi

መቀመጥ
....
sjediti

መልበስ
....
obući

መተኛት
....
spavati

መንቃት
....
probuditi

መመልከት

pogledati

ማልቀስ

plakati

መጫር

milovati

ማበጠር

češljati

ማዉራት

govoriti

መረዳት

razumjeti

ጥያቄ

pitati

ማዳመጥ

slušati

መጠጣት

piti

መብላት

jesti

ማንፃት

pospremiti

ማፍቀር

voljeti

ምግብ ማብሰል

kuhati

መንዳት

voziti

መብረር

letjeti

መርከብ መንዳት
jedriti

ቁጥሮችን ማስላት
računati

ማንበብ
čitati

መማር
učiti

መስራት
raditi

ማግባት
vjenčavti

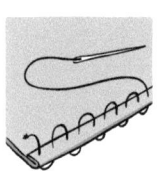

መስፋት
šiti

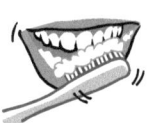

ጥርስ መቦረሽ
prati zube

መግደል
ubiti

ማጨስ
pušiti

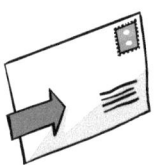

መላክ
slati

የሴት አያት
baka
የወንድ አያት
djed
አባት
otac
እናት
majka
ህፃን
beba
ሴት ልጅ
kćerka
ወንድ ልጅ
sin

እንግዳ

gost

አክስት

ujna, tetka, strina

አጎት

ujak, tetak, stric

ወንድም

brat

እህት

sestra

አካል
tijelo

ግንባር
čelo
አይን
oko
ትከሻ
leđa
ጣት
prst
ፊት
lice
አገጭ
brada
እጅ
ruka, šaka
ጡት
grudi
እግር
noga
ክንድ
ruka

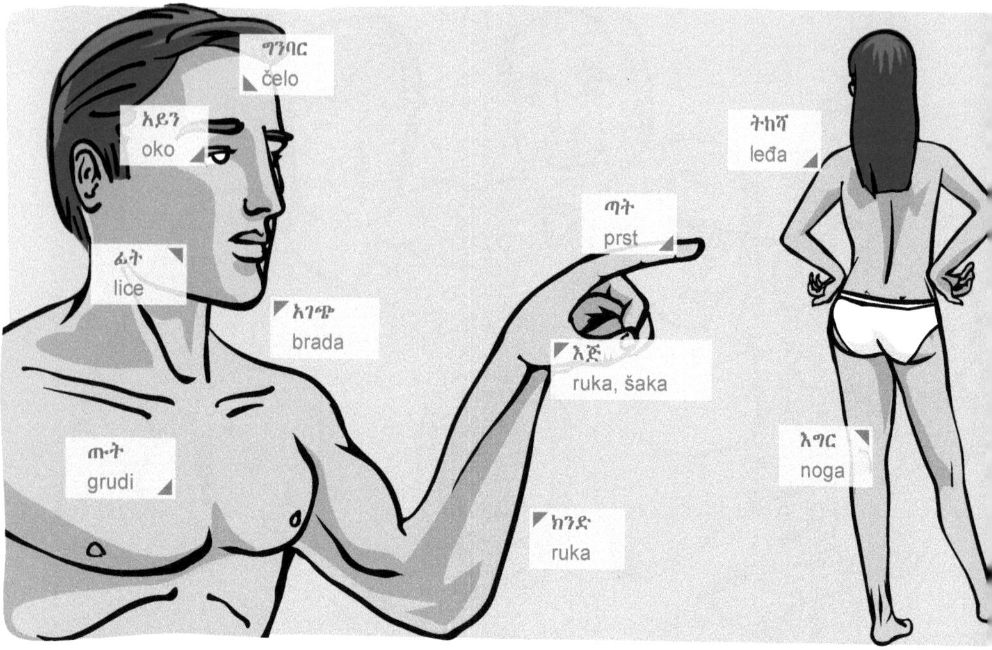

ህፃን
beba

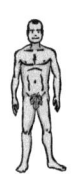

ሰዉ
muškarac

ሴት
žena

ልጃገረድ
djevojčica

ወንድ ልጅ
dječak

ራስ
glava

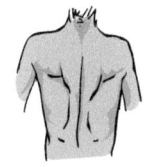

ጀርባ
....
leđa

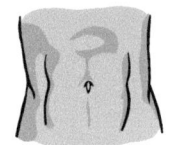

ሆድ
....
stomak

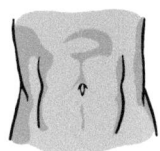

እምብርት
....
pupak

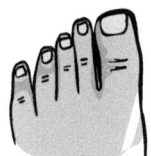

የእግር ጣት
....
nožni prst

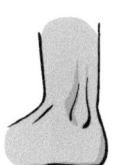

ተረከዝ
....
peta

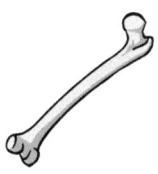

አጥንት
....
kosti

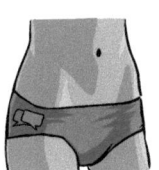

ዳሌ
....
kuk

ጉልበት
....
koljeno

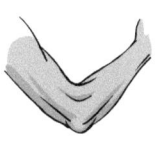

ክርን
....
lakat

አፍንጫ
....
nos

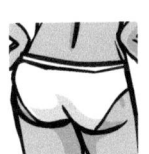

ቂጥ
....
stražnjica

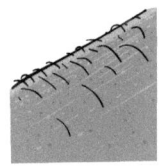

ቆዳ
....
koža

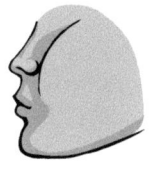

ጉንጭ
....
obraz

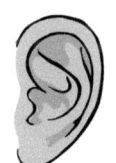

ጆሮ
....
uho

ከንፈር
....
usna

አፍ
....
usta

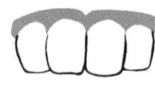

ጥርስ
....
zub

ምላስ
....
jezik

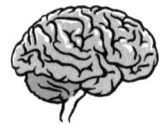

አንጎል
....
mozak

ልብ
....
srce

ጡንቻ
....
mišić

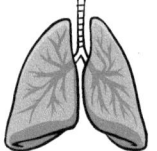

ሳምባ
....
pluća

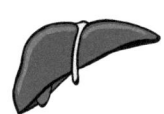

ጉበት
....
jetra

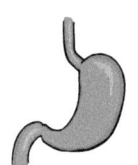

ሆድ
....
želudac

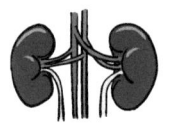

ኩላሊቶች
....
bubreg

የግብረስጋ ግንኙነት
....
spolni odnos

ኮንዶም
....
kondom

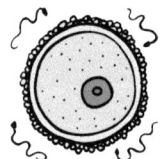

የሴት እንቁላል
....
jajna ćelija

የዘር ፈሳሽ
....
sperma

እርግዝና
....
trudnoća

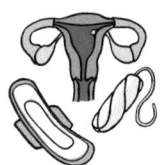

የወር አበባ

menstruacija

እምስ

vagina

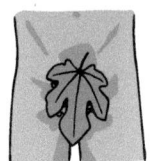

ቁላ

penis

ቅንድብ

obrva

ፀጉር

kosa

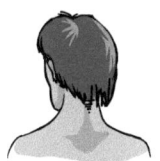

አንገት

vrat

ሆስፒታል
bolnica

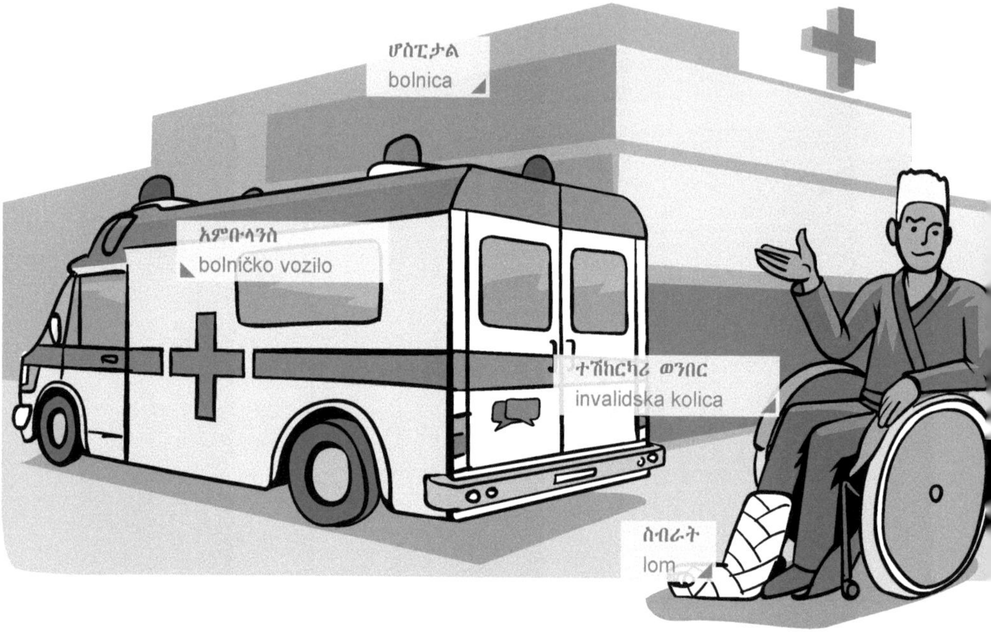

ሆስፒታል
bolnica
አምቡላንስ
bolničko vozilo
ተሽከርካሪ ወንበር
invalidska kolica
ስብራት
lom

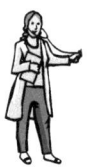

ዶክተር

ljekar

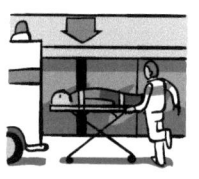

ድንገተኛ ክፍል

hitna služba

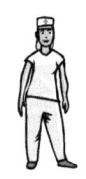

ነርስ

medicinska sestra

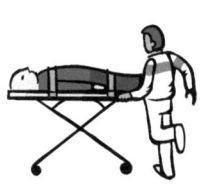

ድንገተኛ

hitna pomoć

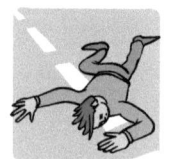

ራስን መሳት/ አለማወቅ

nesvjest

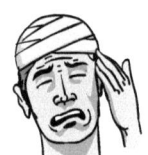

ህመም

bol

ጉዳት
....
povreda

መድማት
....
krvarenje

የልብ ድካም
....
srčani udar, infarkt

ስትሮክ
....
moždani udar

አለርጂ
....
alergija

ሳል
....
kašalj

ትኩሳት
....
groznica

ኢንፍሉዌንዛ
....
gripa

ተቅማጥ
....
proljev

የራስ ምታት
....
glavobolja

ካንሰር
....
rak

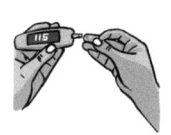

የስኳር በሽታ
....
dijabetes

ቀዶ ጠጋኝ ሐኪም
....
hirurg

የቀዶ ጥገና ስለት
....
skalpel

ቀዶ ጥገና
....
operacija

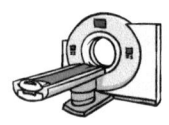

ሲቲ

CT

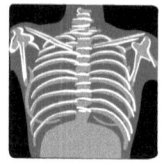

ኤክስሬዮ

rendgen

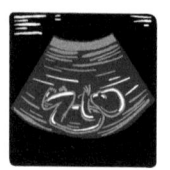

አልትራሳዉንድ

ultrazvuk

የፊት ጭምብል

maska

በሽታ

bolest

መጠበቂያ ክፍል

čekaonica

ምርኩዝ

štake

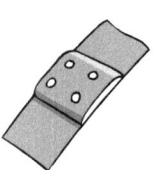

የቁስል ማሸጊያ

flaster

ፋሻ

zavoj

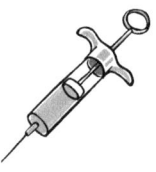

መርፌ

injekcija

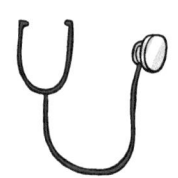

የልብ ምት ማዳመጫ መሳሪያ

stetoskop

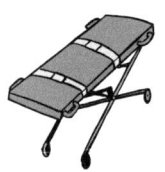

የበሽተኛ አልጋ

nosilo

የህክምና ሙቀት መለኪያ መሳሪያ

termometar

መውለድ

porod

ከልክ ያለፈ ክብደት

prekomjerna težina, debljina

መስማት የሚረዳ መሳሪያ

slušni aparat

ፀረ ተባይ መድሀኒት

sredstvo za dezinfekciju

ማመርቀዝ

infekcija

ቫይረስ

virus

ኤች አይቪ ኤድስ

HIV/ AIDS

ህክምና

medicina

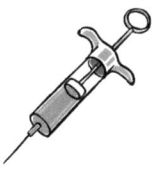

ክትባት

vakcinacija

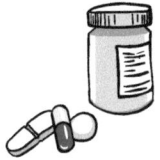

ኪኒን

tablete

ኪኒን

pilula

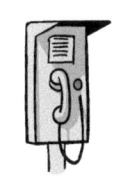

አስቸኳይ የስልክ ጥሪ

hitni poziv

ደም ግፊት መቆጣጠሪያ

aparat za mjerenje pritiska

ህመም/ ጤንነት

bolestan / zdrav

ድንገተኛ

hitna pomoć

እርዳታ!

Upomoć!

ማንቂያ ደወል

alarm

ጥቃት

napad, prepad

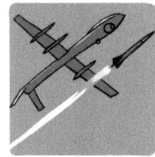

ድብደባ

napad

አደጋ

opasnost

የድንገተኛ መዉጫ

izlaz u slučaju opasnosti

እሳት!

Požar!

እሳት ማጥፊያ

vatrogasni aparat

አደጋ

nezgoda

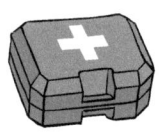

የመጀመሪያ እርዳታ መድሃኒት መያዣ

torba prve pomoći

ነፍስ አድን

SOS

ፖሊስ

policija

Zemlja

አዉሮፓ

Europa

ሰሜን አሜሪካ

Sjeverna Amerika

ደቡብ አሜሪካ

Južna Amerika

አፍሪካ

Afrika

እስያ

Azija

አዉስትራሊያ

Australija

አትላንቲክ

Atlantik

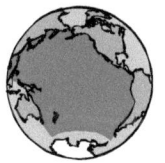

ፓስፊክ

Pacifik

የህንድ ዉቅያኖስ

Indijski okean

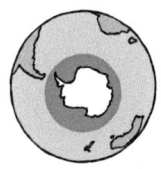

አንታርክቲክ ዉቅያኖስ

Antarktički okean

አርክቲክ ዉቅያኖስ

Arktički okean

ሰሜን ዋልታ

Sjeverni pol

ደቡብ ዋልታ

Južni pol

አንታርክቲካ

Antarktik

ምድር

Zemlja

መሬት

zemlja

ባህር

more

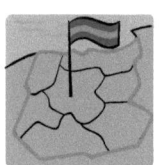

ደሴት

ostrvo

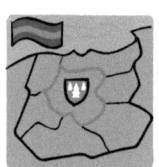

አገርና ህዝብ

nacija

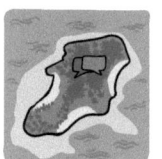

መንግስት

država

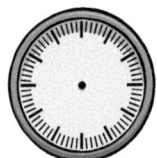

ሰዓት
sat

የሰዓት ገፅታ

brojčanik sata

ሰዓት

kazaljka sata

ደቂቃ

kazaljka minute

ሴኮንድ

kazaljka sekunde

ስንት ሰዓት ነው?

Koliko je sati?

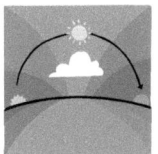

ቀን

dan

ጊዜ

vrijeme

አሁን

sada

የቁጥር ሰዐት

digitalni sat

ደቂቃ

minuta

ሰዓታት

sat

ሳምንት

sedmica, nedjelja

ሰኞ
ponedjeljak
MO
ማክሰኞ
utorak
TU
ቡዕ
srijeda
W
ሐሙስ
četvrtak
TH
አርብ
petak
FR
ቅዳሜ
subota
SA
እሁድ
nedjelja
SO

ትላንት

juče

ዛሬ

danas

ነገ

sutra

ማለዳ

jutro

ቀትር

podne

ምሽት

veče

የስራ ቀናት

radni dani

የዕ ፍት ቀናት

vikend

ዓመት

godina

ዝናብ
kiša
ቀስተ ዳመና
duga
ጥጥ የሚመስል አመዳይ
በረዶ
snijeg
vjetar
ፀደይ
proljeće
በጋ
ljeto
መኸር
jesen
ክረምት
zima

4.APRIL 11°
5.APRIL 4°
6.APRIL 13°
7.APRIL 8°
8.APRIL 10°

የአየር ሁኔታ ትንበያ

prognoza vremena

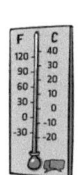

የሙቀት መለኪያ

termometar

የፀሀይ ሙቀት

sunčev sjaj

ደመና

oblak

ጭጋግ

magla

እርጥበታማነት

vlažnost vazduha

መብረቅ

munja

ነጎድጓድ

grom

አዉሎ ንፋስ

oluja

የበረዶ ዝናብ

tuča, led

አዉሎ ንፋስ

monsun

ጎርፍ

poplava

በረዶ

led

ጥር

januar

የካቲት

februar

መጋቢት

mart

ሚያዚያ

april

ግንቦት

maj

ሰኔ

juni

ሐምሌ

juli

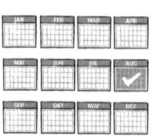

ነሀሴ

avgust

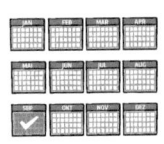

መስከረም
septembar

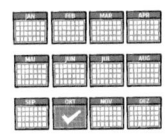

ጥቅምት
oktobar

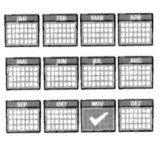

ህዳር
novembar

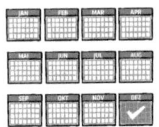

ታህሳስ
decembar

ቅርፆች

oblici

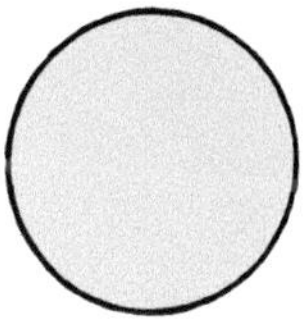

ክብ
krug

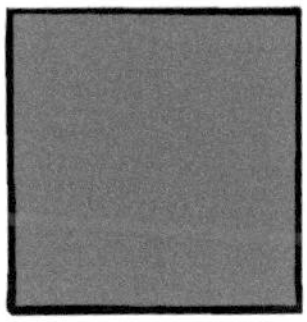

አራት ማዕዘን
kvadrat

አራት ቀጥተኛ ማዕዘኖች ጎኖች ያሉት ቅርፅ
pravougao

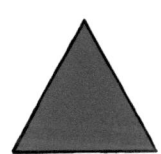

ሶስት ማዕዘን
trougao

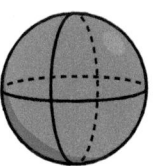

ሉል
kugla

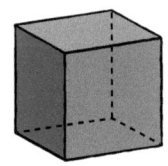

ስድስት ጎን ያለዉ ቅርፅ
kocka

ቀለማት
boje

ነጭ

bjel

ቢጫ

žut

ብርቱካናማ

narandžast

ሮዝ

pink

ቀይ

crven

ወይን ጠጅ

ljubičast

ሰማያዊ

plav

አረንጓዴ

zelen

ቡኒ

smeđ

ግራጫ

siv

ጥቁር

crn

ብዙ/ ጥቂት

....

malo / mnogo

ንዴት/ እርጋታ

....

ljutit / miran

ቆንጆ/ አስቀያሚ

....

lijep / ružan

ጅማሬ/ ፍፃሜ

....

početak / kraj

ትልቅ/ ትንሽ

....

veliki / mali

ደማቅ/ ደብዛዛ

....

svijetlo / tamno

ወንድም/ እህት

....

brat / sestra

ንፁህ/ ቆሻሻ

....

čist / prljav

የተሟላ/ ያልተሟላ

....

potpun / nepotpun

ቀን/ ምሽት

....

dan / noć

የሞተ/ ህያዉ

....

mrtav / živ

ሰፊ/ ጠባብ

....

široko / usko

የሚበላ/ የማይበላ

ukusno / neukusno

ክፉ/ ደግ

zao / prijatan

ደስተኛ/ ድብርተኛ

uzbuđen / dosadan

ወፍራም/ ቀጭን

debeo / mršav

መጀመርያ/ መጨረሻ

najprije / najkasnije

ጓደኛ/ ጠላት

prijatelj / neprijatelj

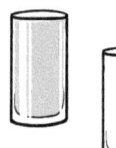

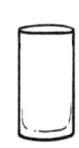

ሙሉ/ ጎዶሎ

pun / prazan

ጠንካራ/ ለስላሳ

trvd / mekan

ከባድ/ ቀላል

težak / lagan

ረሃብ/ ጥማት

glad / žeđ

ህመም/ ጤንነት

bolestan / zdrav

ህገወጥ/ ህጋዊ

ilegalan / legalan

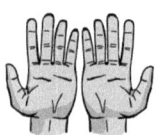

ጎበዝ/ ደደብ

inteligentan / glup

ግራ/ ቀኝ

lijevo / desno

ቅርብ/ ሩቅ

blizu / daleko

አዲስ/ አሮጌ

nov / polovan

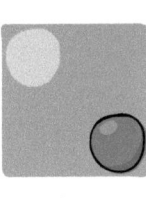

ምንም/ የሆነ ነገር

ništa / nešto

ሽማግሌ/ ወጣት

star / mlad

የበራ/ የጠፋ

uključeno / isključeno

ክፍት/ ዝግ

otvoreno / zatvoreno

ፀጥታ/ ጫጫታ

tiho / glasno

ሃብታም/ ደሃ

bogat / siromašan

ትክክለኛ/ የተሳሳተ

tačno / pogrešno

ሻካራ/ ለስላሳ

hrapav / glatak

ሐዘን/ ደስታ

tužan / srećan

አጭር/ ረዥም

kratak / dug

ዝግተኛ/ ፈጣን

spor / brz

እርጥብ/ ደረቅ

mokro / suho

ሞቃት/ ቀዝቃዛ

toplo / hladno

ጦርነት/ ሰላም

rat / mir

ቁጥሮች

brojevi

0

ዜሮ

nula

1

አንድ

jedan

2

ሁለት

dva

3

ሶስት

tri

4

አራት

četiri

5

አምስት

pet

6

ስድስት

šest

7

ሰባት

sedam

8

ስምንት

osam

9

ዘጠኝ

devet

10

አስር

deset

11

አስራ አንድ

jedanaest

12

አስራ ሁለት

dvanaest

13

አስራ ሶስት

trinaest

14

አስራ አራት

četrnaest

15

አስራ አምስት

petnaest

16

አስራ ስድስት

šesnaest

17

አስራ ሰባት

sedamnaest

18

አስራ ሰስምንት

osamnaest

19

አስራ ዘጠኝ

devetnaest

20

ሃያ

dvadeset

100

መቶ

sto

1.000

ሽህ

hiljada

1.000.000

ሚሊዮን

milion

ቋንቋዎች

jezici

እንግሊዝኛ

engleski

የአሜሪካ እንግሊዝኛ

američki engleski

የቻይና ማንዳሪን

kinesko mandarinski

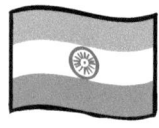

ሂንዱ

hindi

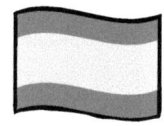

ስፓኒሽ

španski

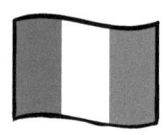

ፍሬንች

francuski

አረብኛ

arapski

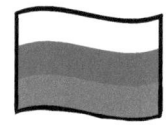

ራሺያኛ

ruski

ፖርቱጊዝ

portugalski

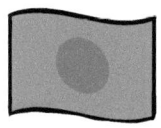

ቤንጋሊ

bengalski

ጀርመን

njemački

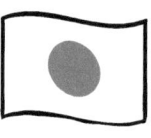

ጃፓንኛ

japanski

ማን/ ምን/ እንዴት
ko / šta / gdje

እኔ

ja

ንተ

ti

እሱ/ እርሷ/ እቃዉ

on / ona / ono

እኛ

mi

ንተ

vi

እነርሱ

oni

ማን?

ko?

ምን?

šta?

እንዴት?

kako?

የት?

gdje?

መቼ?

kada?

ስም

ime

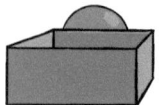

የት

gdje

በስተጀርባ

iza

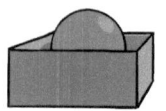

ዉስጥ

u

ከፊት ለፊት

pred

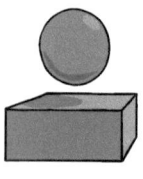

ከላይ

iznad

ላይ

na

ከስር

ispod

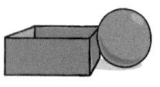

አጠገብ

pored

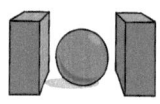

መሃከል

između

ቦታ

mjesto